문학과지성 시인선 38

떨어져도 튀는 공처럼

정현종 시집

문학과지성사에서 펴낸 정현종의 시집

나는 별아저씨(1978)
한 꽃송이(1992)
세상의 나무들(1995)
갈증이며 샘물인(1999)
광휘의 속삭임(2008)
견딜 수 없네(2013, 시인선 R)
그림자에 불타다(2015)
사랑할 시간이 많지 않다(2018, 시인선 R)
어디선가 눈물은 발원하여(2022)
정현종 시전집(1999, 전집)

문학과지성 시인선 38
떨어져도 튀는 공처럼

초판 1쇄 발행 1984년 12월 5일
초판 7쇄 발행 1993년 7월 20일
재판 1쇄 발행 1994년 9월 23일
재판 7쇄 발행 2023년 2월 7일

지 은 이 정현종
펴 낸 이 이광호
펴 낸 곳 ㈜문학과지성사

등록번호 제1993-000098호
주   소 04034 서울 마포구 잔다리로7길 18(서교동 377-20)
전   화 02)338-7224
팩   스 02)323-4180(편집) 02)338-7221(영업)
전자우편 moonji@moonji.com
홈페이지 www.moonji.com

ⓒ 정현종, 1994. Printed in Seoul, Korea

ISBN 978-89-320-0216-9 03810

이 책의 판권은 지은이와 ㈜문학과지성사에 있습니다.
양측의 서면 동의 없는 무단 전재 및 복제를 금합니다.

문학과지성 시인선 38

떨어져도 튀는 공처럼

정현종

1994

自 序

1978년 9월 『나는 별아저씨』를 낸 뒤에 쓴 작품들을 묶었다. 「꽃을 잠그면?」이라는 작품은 먼저 시집에 들어갔어야 하는데 뒤늦게 찾아서 여기 실었다. 배열은 대체로 발표한 순서를 따랐다고 할 수 있다.

1984년 11월
정 현 종

떨어져도 튀는 공처럼

차 례

▨ 自 序

꽃을 잠그면?/11
보이지 않는 세상/12
배를 깎으며/13
겨울밤/14
내 마음의 나비떼/15
달 따라 데굴데굴/16
얼굴에게/17
찰랑대는 마음으로/18
헐벗은 가지의 에로티시즘/20
시간도 비빔밥도 없는 거지/21
시비를 거시는 하느님께/22
잔악한 숨결/23
하늘을 깨물었더니/24
열린 향수/25
지평선의 향기/26
마음놓고/28
내 믿음의 餘韻/29
눈보라에 뿌리내린 꽃/30
바다의 사진/31
세월의 얼굴/32
이 노릇을 또 어찌하리/34

그림자의 향기/35
늙고 병든 이 세상에게/36
한 눈/38
애인들/39
초록 기쁨/40
하늘의 허파를 향해/42
몸을 꿰뚫는 쓰라림과도 같은/43
그 냥/44
바람의 그림자/45
樓蘭의 美女/46
아이들과 더불어/47
蒼天 속으로/48
거지와 狂人/50
종소리처럼/52
벌레들의 눈동자와도 같은/53
출 발/54
자기 자신의 노래 2/56
눈곱을 달고 나가서/58
기다림에 관한 명상/59
마음이여, 깊은 보금자리여/60
歌 客/62
생채기/64
정들면 지옥이지 1/65
국가적 法悅/66
정들면 지옥이지 2/68
청춘은 아름다워라/70

달도 돌리고 해도 돌리시는 사랑이/72
잡 념/73
노래에게/74
꿩 발자국/76
타는 벌거숭이로/77
걸작의 조건/78
바 다/80
소용돌이/81
벽 앞에서/82
어눌의 푸른 그늘/83
폭풍은 法처럼/84
엿치기/86
나는 사람이 아니고/88
아저씨의 죽음/89
너무 좋아서/90
大 醉/92
시를 기다리며/93
느낌표/94

▨ 해설 · 물 주기, 숨통 터주기 · 진형준/95

꽃을 잠그면?

누가 춤을 잠근다
피어나는 꽃을 잠그고
바람을 잠그고
흐르는 물을 잠근다
저 의구한 산천을
새소리를 잠그고
사자와 호랑이를 잠근다
날개를 잠그고
노래를 잠그고
숨을 잠근다

숨을 잠그면?
꽃을 잠그면?
춤을 잠그고
노래를 잠그면?

그러나 잠그는 이에게
자연도 웃음짓지 않고
운명도 미소하지 않으니, 오
누가 그걸 잠글 수 있으리오!

보이지 않는 세상

관악산에 가서 아들과
잠자리를 잡다가
너무 세게 잡아 그 자리에서
죽은 잠자리
내가 죽인 잠자리

산을 내려오는 동안 줄곧
나를 따라오던 그
죽은 잠자리,
세상에 들어서자 금방
안 보이는
그 잠자리

보이지 않는
세상

배를 깎으며
—— 아들에게

나는 먹으려고 배를 깎는다
너는 한 쪽 달라며
내 앞에 와서 앉는다
(내가 며칠 집을 떠났다가 돌아온 저녁)

나는 배 한 쪽을 네게 주지만
하나 나는 안다
배를 먹으려고 네가
나와 함께 앉아 있는 게 아님을——

나는 먹으려고 배를 깎지만
너는 나를 보려고 배를 먹는다
나는 식욕의 막대기
너는 사랑의 등불

과즙에 젖는 꽃
시간은 깊이 흐르고
나는 식욕의 막대기답게
네게 배 한 쪽을 더 준다

겨울밤

손톱처럼 자라는
우리의 날들 위로
시간의 뻥끼쟁이
하느님의 눈이 내린다

방직 공장 옆에
추억 공장 하나 서 있고 싶은
겨울밤
메밀묵이나 찹싸알떡!
자기의 발자국 속에
찹쌀떡 하나씩을 꼭꼭 박으며
걸어가느니

가난한 마음에는 와서 울리는
삶처럼 풍부한 시간의 메아리
난로와 가슴의
십이월의 불꽃이여

내 마음의 나비떼

두어 件의 막무가내가 있으니
바람과 꽃가루가
길 떠나는 냄새

네 머리카락이
바람에 흩날릴 때
내 마음의 나비떼, 나비떼

달 따라 데굴데굴

처녀야
네가 서 있으면
달도 서 있고
네가 가면
달도 간다

나야 달 따라
그림자처럼 소리없이
데굴데굴 굴러가는 바이지만

얼굴에게

내 얼굴이 억제하고 있는 동안
궁둥이는 모름지기 폭발하고 있다
하하

나는 내 얼굴이 때때로
궁둥이여서
불안할 때가 있다

찰랑대는 마음으로
────한 친구의 졸업 축하

    (축하할 일이 줄곧 있으면 얼마나 좋겠니. 무슨 때 말고도 우리 생활이 기쁨의 냄새와 색깔과 표정에 젖어 있으면 참 좋겠다. 기쁨 없는 삶은 사람의 삶이 아니니. 결심하고 기뻐하지 않아도 그냥 기쁜 거 있지)

축하를 위한 무슨
화사하고 빈말들을
늘어놓으랴
나는 오늘 그냥
평소에 잘 안 매는,
내가 제일 좋아하는 넥타이를 맨다
오랜만에 양복은 싱글
  (하, 싱글거리는 양복!)
이백 원 주고 구두를 닦고
주머니엔 술값을 감춰놓고
너희 사각모에 나부끼는 술처럼
찰랑대는 마음으로 나는
서성거린다

지금 자기 뭐하니
아하, 가운 입고, 꽃다발 들고
웃고, 햇빛을 향해
사진 찍고, 환상의
현실을 사진 찍고——
아직 피지 않은 꽃나무의
뿌리들도 출렁거리는구나

자기 뭐할래
시집갈래?
취직?
대학원?
아무데나 자기 가고 싶은 데로 가거라
의지의 운명과 운명의 의지가
바라건대 비단결처럼 和唱하여
일생의 짜임새에 은총 있기를,
그리고 오늘 저녁
술 한잔 해야지!

헐벗은 가지의 에로티시즘

겨울나무에 보인다 말도 없이
불꽃 모양의 뿌리
헐벗은 가지의
에로티시즘

그래 천지간에 거듭
나무들은 봄을 낳는다
끙끙거리지도 않고
잎 트는 소리
물 흐르는 소리를 내며

낳는다
항상 외로운 사랑이
사람 모양의 아지랑이로 피듯

내 사랑
헐벗은 가지의 에로티시즘

시간도 비빔밥도 없는 거지

누가 마시다 남은 술
마시다 남은 물
마시다 남은 피
그런 건 다 나한테 오거라
내 속의 저 밑 빠진 거지
시간도 비빔밥도 없는 저 거지가
그걸 다
바닥난 슬픔처럼 말려
바람 불 듯 취하리니

시비를 거시는 하느님께
──輓歌

    왜 죽고 어떻게 죽는다. 저도 몰래 죽고 남 몰래 죽인다.
    우리 중의 누가 죽었으며(미남 H의 아주 숨어버린 얼굴……) 장차 죽을 일에 관하여.
    시비를 거시는 하느님, 구정물이나 한 사발 들이켜고 싶게 하는 은총을 심심찮게 내리시는 하느님──

이빨 하나 뽑아서
식초와도 같은 이 바람 속에 던져
그 風化를 보고 싶을 따름!

잔악한 숨결

너무 맑은 바람은 갈증
너무 밝은 햇빛은 그리움
너무 투명한 것들의 寶石의 狂氣

이 맑은 공기의 한숨
밝은 햇빛의 고독
모든 투명한 것들의 잔악한 숨결!

하늘을 깨물었더니

하늘을 깨물었더니
비가 내리더라
비를 깨물었더니
내가 젖더라

열린 향수

나는 본다
시집간 여자들
어른 된 여자들 속에
숨어 있는 처녀
신출귀몰
남의 얼굴엔 듯 지나가는
그리움과도 같은 꽃
열네 살의 소녀
열일곱 살 처녀를

시집간 열두 살
어른 된 열일곱
남의 얼굴엔 듯 지나가는
오 열린 향수
그리움과도 같은 꽃이여

지평선의 향기

모과꽃 향기는
해지자 제일 짙다는
어느 花曆의 말씀……들리자
있는 것들의 가장 깊은 데가 열리는 소리……
뚜렷이 그림자처럼 움직이는
오 비밀의 향기
향기의 비밀!

    (그래 그만한 눈 귀라면 또 알리)

평생 흡혈귀와도 같은
저 지평선의 한숨
항상 空腹의 술잔인
大醉한 수평선을……

    (그래 그만한 酒量이면 또 알리)

오늘 저녁은
죄수의 아내의
젖은 밥과

내 美的 영구 혁명의 죄의
뜨거운 다이아몬드를 비벼서
노래 한 가락 하고 있음을

  (그래 그만한 刑量이면 알리)

지평선의 향기에 취해
저 벌판의 풀잎을 흔드는
바람──과도 같은 그리움을.

마음놓고

놓은 줄도 모르게
마음놓고 있으니
아, 모든 마음이 생기는구나

지금은
마음 못 놓게 하는 일
마음 못 놓게 하는 자도
다 마음놓이는구나

사랑도 무슨 미덕도
내 거라고 안 할 수 있을 때
나는 싸울 수 있으리
내 바깥에서만 피어나는
사랑도 미덕도 만나리

마음놓고
자꾸 모든 마음이 생긴다면!

내 믿음의 餘韻

 나는 너를 믿지 않는다. 다만 네가 지금 믿고 있으면서 믿는 줄도 모르고 있는 그걸 믿는다. 그렇다면 우리는 아주 쓸쓸해도 과장이 없다.

눈보라에 뿌리내린 꽃

얼음에 뿌리내린 꽃
눈보라에 뿌리내린 꽃
칼날에 뿌리내린 꽃
오, 상처에 뿌리내린 꽃
杳然한 꽃!

    벌판 같은 가슴에
    숨은 눈동자의 닭똥
    의 강물……

물 여기 있다
한국의 젊은애들아
물 여기 있다

바다의 사진

아들 하나
아내 하나
나 두엇
그리고 各 그림자,
밤 바닷가
바다를 향해 앉아 있다

(마음에 인화되는,
바라보는 바다가 배경이 된
사진 한 장)

바람 부는
돛 두어 폭

수평선은
눈동자

하느님의 눈동자 품에 든
사진 한 장

세월의 얼굴

누가
숨을
쉬지
않는다

콧구멍들은 모두
굴뚝이다
숨이 그리워
숨이
그리워

(향기로운
　공기는
　　집 없이
　　　떠돈다)

나는 밥그릇처럼
역사를 존경하며
역사의 거울을 파는
도부장수

깨진 거울이나
고장난 시계 삽시다!

그래도 동해물과 백두산이
마르고 닳도록
페가수스 날개 냄새에
취해, 나는
우리네 굴뚝마다 꽃을 꽂으리

이 노릇을 또 어찌하리

안은 바깥을 그리워하고
바깥은 안을 그리워한다
안팎 곱사등이
안팎 그리움

나를 떠나도 나요
나에게 돌아와도 남이다
남에게 돌아가도 나요
나에게 돌아와도 남이다
이 노릇을 어찌하리

어찌할 수 없을 때
바람 부느니
어찌할 수 없을 때
사랑하느니
이 노릇을 또
어찌하리

그림자의 향기

바람에 흔들리는
나뭇잎
그림자를
    따온다
    영원히
푸르다

바람에 흔들리는
꽃
그림자를
    따온다
    마르지 않는
향기

늙고 병든 이 세상에게

자꾸자꾸 물을 줘야 해요
나무도 사람도 죽지 않게
죽음이 공기처럼 떠도는 시절에
그게 우리가 숨쉬는 이유
그게 우리가 꿈꾸는 이유

당신의 마음, 당신의 몸은
얼마나 깊은 샘입니까
사람의 기쁨과 슬픔의 가락으로
그 寶石의 가락으로 솟는 샘

가슴도 손도 꽃피고
나무와 풀
집과 굴뚝들도 꽃피게
초록초록 자라게
땅의, 보석의,
온몸의 가락을 다해 솟는 샘——

하룻밤 자고 나면
한 뼘씩 자라는 굴뚝의 어린 시절

던지는 돌에 날개 돋는 어린 시절
돛 단 지평선의 어린 시절
오, 경이의 어린 시절,
늙고 병든 이 세상에게
그 시절을 되찾아주게!

한 눈

오늘은 자꾸
한눈이 팔린다
시간의 틈이든
공간의 틈이든
합해서 마음의 틈이든
틈이란 틈은 대개
한눈의 안경이다

한눈에 흐르는
놓친 기차의 기적 소리
엎지른 꿀
아가書의 배꼽술잔에
찰랑대는 술
화재 경보기 같은 꽃
참을 忍 字처럼 생긴 다리들
스친 눈동자 속에서 멀어지는
놓친 기적 소리……

두엄을 지고 자기의 밭으로 가듯이
오늘은 한눈 팔지 말고
놀아야지

애인들

1

함정이 땅속에 숨고
사슬이 바람에 뜨듯이, 그래

자물쇠가 열쇠에 녹듯이
바라보며 녹는 눈——

2

네 발로 기고 싶으며
옷은 털과 같다

신발엔 피가 흐르고
길은 풀밭과 같다

사람이 사람을
저렇게 좋아한다!

초록 기쁨
―― 봄숲에서

해는 출렁거리는 빛으로
내려오며
제 빛에 겨워 흘러넘친다
모든 초록, 모든 꽃들의
왕관이 되어
자기의 왕관인 초록과 꽃들에게
웃는다, 비유의 아버지답게
초록의 샘답게
하늘의 푸른 넓이를 다해 웃는다
하늘 전체가 그냥
기쁨이며 神殿이다

해여, 푸른 하늘이여,
그 빛에, 그 공기에
취해 찰랑대는 자기의 즙에 겨운,
공중에 뜬 물인
나뭇가지들의 초록 기쁨이여

흙은 그리고 깊은 데서
큰 향기로운 눈동자를 굴리며

넌지시 주고받으며
싱글거린다

오 이 향기
싱글거리는 흙의 향기
내 코에 댄 깔때기와도 같은
하늘의, 향기
나무들의 향기!

하늘의 허파를 향해

못 볼 거인 듯 나는 보았다
華嚴寺 覺皇殿 뒤켠에서 혼자 부서져내리는 흙
그 무한아름의 나무기둥을 돌고 있는 바람
하늘의 저 깊은 허파를 향해 타오르는 石燈의 불꽃
땅인 줄 알고 만판 떨어져 그늘도 눈부신 동백꽃 숨소리

    미친——
    어쩌자구——
    하늘의 입술, 땅의 젖꼭지
    미친——

    길이 아닌 게 없고
    돌들은 팔자를 거슬러 둥둥 떠오르고

그리고 그 흙 곁의 내 마음
그 바람 곁의 내 마음
불꽃 방향
동백꽃 숨소리에 물드는 내 마음!

몸을 꿰뚫는 쓰라림과도 같은

내 사랑하느니
어디 어느 때의
느닷없는 쓰라림
밤 열두시, 밑도끝도없이
지진처럼 몸을 흔들고 지나가는
마음의 파문
뭘 아는 듯한 슬픔
뭘 아는 듯한 공복감
아는 듯한 흔들림
그 모든 걸 합쳐도 이름붙일 수 없는
까닭 없을 수밖에 없는
마음에 이는
지진과도 같은 파문……
일상의 모든 일이
그것에서 도망가는 일에 지나지 않게 하는
지진으로 지나가는
地層의 金과도 같은
(아, 노다지를 찾았다!)
몸을 꿰뚫는 쓰라림과도 같은……

그 냥

느닷없이, 미안합니다
뜻이 있는 데 길이 있어서 그럽니다
맘대로 하라시지만
어렵습니다
길이 아니면 가지를 말라시지만
길이 어디 있습니까
아니가 갑니까
가는 게 아닙니까
좋습니다
뜻대로 하십시오

나는 사랑합니까
대답해주십시오
그 대답이 접니다
그래도 우리가 고개 숙이는 만큼의
이 땅의 引力을
운명으로 사랑합니다

    사랑의 기쁨은 어느덧 사라지고
    사랑의 슬픔만 영원히 남았네

바람의 그림자

모두 잠든
깊은 밤에
부는 바람
흔들리는 나뭇잎

살아 있는 것들은 아주 몰래
불고, 흔들리고
노는 듯이
고독하다

흔들리는 잎 그림자
흔들리는 바람의 그림자

樓蘭의 美女
──中國 樓蘭에서 발견된 6천 년쯤 되었다는 美女
　미이라 소식을 보고

蘭도 세상에
이런 蘭이 있구나
너 萬年花여
네 향기에 어지러워
내 마음은 누란의 위기
내 몸은 누란의 위기

(모든 해답이 그렇듯이)
오 참을 수 없는 해답인
네 얼굴의
보금자리와도 같은 아지랑이──
들리냐 그 아지랑이를 흔드는
내 뻐꾸기 소리

아이들과 더불어

아이들은 아침마다
일어나는 게 아니다
아이들은 아침마다
태양처럼 떠오른다

잠 깬 第一聲은
새소리와 같고
그 움직임은
새끼 사자와 같다

허구한 날 개들의 신선감은
폭포처럼 쏟아지고
단 한 번의 눈짓으로
이 세상의 어깨는
날개를 얻는다

아침은 새롭고
저녁은 또 새롭다
네 경이의 세계 속에
나도 둥지를 틀과져

蒼天 속으로

세상의 옆구리를 간질이고
간질인 손이 웃듯
아닌밤중에 문득
暴笑의 파도가 출렁거리듯이,
空氣의 깊은 가슴이 여러
꽃들과 불꽃을 피워내듯이,
광대한 어둔 地層에
寶石의 날개와 窓이 열려 있듯이
아 가장 깊은 물건보다도 깊은 슬픔이
가장 깊은 기쁨보다도 깊은 물건에 녹듯이

오 나는 저 숨막히는 뚜껑
蒼天 속으로
얼마나!
뛰어들려고 했던가
이 땅과 집과 시인을 벗어놓고
언제나 그리로 뛰어드는 불꽃처럼
언제나 그리로 뛰어드는 나무들처럼
(소리도 없이, 오 흔적도 없이)
뛰어들었던가

뛰어들어 숨을 섞는 꼴이 항상
거리를 걸어가고 있었던가

만물의 정신을 가뭇없이! 머금고
만물의 육체를 꿀먹는 벙어리
蒼天이여, 나의 한숨이여

거지와 狂人
―― 寒山에게

거지와 狂人.

나는 너희가 體現하고 있는 저 오묘한
뜻을 알지만 나는 짐짓 너희를 외면한다
왜냐하면 나는
안팎이 같은 너희보다
(너희의 이름은 안팎이 같다는 뜻이거니와)
안팎이 다른 나를 더 사랑하니까.
너와 나는 그 동안
隱喩 속에서 한몸이었으나
실은 나는 秘意인 너희를 해독하는
기쁨에 취해
그런 주정뱅이의 자로 세상을 재어온지라
나는 아마 醉中得道했는지
인제는 전혀 구별이 안 가느니――
누가 거지고
누가 광인인지

(구걸이든 미친 짓이든
寒山이나 프란체스코

덤으로 그 八寸 그림자들쯤이면
필경 우주의 숨통이려니와)

종소리처럼

해는 알코올 속으로 진다

그리하여
(썩은 공기도 아니고
불알 없는 남性의 허세도 아닌,
마음의 배경이 저
벌판 같은 風流 흐르는)
바람 부는 게 다 보이는
전등 불빛에
푸른 밤 공기의 베일 출렁거리는
인제는 참 드문
술집을 그리거니와
또한 이제는 참 드문
종소리처럼 울리는 醉氣를 그리거니와

벌레들의 눈동자와도 같은

둥근 기쁨 하나
    마음의 광채
둥근 슬픔 하나
    마음의 광채
굴리고 던지고 튕기며 노는
내 커다란 놀이

이만큼 깊으니
    슬픔의 금강석
노래와 더불어
    기쁨의 금강석
지구와도 같고 血球와도 같으며
풀잎과도 같고 벌레들의 눈동자와도 같은
둥근 슬픔
둥근 기쁨

출 발

모든 게 처음이에요
처음 아닌 게 없어요
싹도 가지도
사랑도 미움도
지금 막 시작되고 있어요.
기왕 시작된 건 없습니다
죽음 이외엔
죽음 이외엔 아무것도.

자, 우리가 출발시켜야 해요
구름도 우리가 출발시키고
(구름이여 우리를 출발시켜다오)
바람도 시민도
나라도 늙은 희망도
우리가 출발시켜야 해요
(나라여 우리를 출발시켜다오)
지금 막 출발하고 있습니다, 모든 게.
우리들의 이
끄떡도 하지 않는 바위
이름 부를 수 없는 쇳덩어리도

우리가 출발시키고
여러 하느님도
(하느님 우리를 출발하게 해주시옵)
우리가 출발시켜요
낙엽 한 장이나
말발굽 소리
한 다발 불꽃도 우리가 출발시켜요
여러 불꽃——석유의 불꽃 연탄의 불꽃
노래의 불꽃 우리 얼굴의 불꽃
오 우리들 숨의 불꽃
한 다발 불꽃을 우리가 출발시켜요

우리가 우리의 길을
출발시켜야 해요

자기 자신의 노래 2

나는 누구인가
나는 적어도 누구이지
별이 빛날 때
내가 아무것도 아니라면
달이 떠오를 때
나는 적어도 부풀은 누구이지
돈을 받을 때 내가 아무것도 아니라면
돈을 쓸 때 나는 누구이지
미워할 때 내가 아무것도 아니라면
사랑할 때 나는 그 누구이지

모욕이 준비됐을 때
내 인생은 시작되고
잔인에 취하는 동안
우리 인생은 무르익으나
그러냐, 그렇다면
내 머리의 뿔과
내 가슴의 풀잎은 더 푸르겠지

나는 구름을 들이받는 염소

나는 미풍에 흔들리는 풀잎
……구름을 들이받는 염소
……미풍에 흔들리는 풀잎

눈곱을 달고 나가서

다른 세상을 보려면
눈곱을 달고 나가서
해를 볼 일이다

우리 동네 햇님이야
옛날이나 지금이나
별다른 기미도 없으니

눈곱을 달고 나가서
보는 해가 그래도
그 중 씻은 듯이 새롭다!

기다림에 관한 명상

메시아가 오시면
이 세상이 살까
천만에
우리는 그를 다시
못박을 거야
'메시아'란 항상 못박힌다는 뜻이고
영원히 오지 않는다는 뜻이니까
그렇다면?
메시아를 기다리지 않게 되지
자기 자신을 기다리게 되지
내가 메시아가 아닌데?
자기 자신을 기다리지 않으니
영원히 메시아가 없지
 (메시아를 기다린다는 건 자기는 아무것도 하지 않겠다는 것이요 아무것도 하지 않는 걸 정당화하는 일이기 쉽거든. 메시아가 다 해주실 것이고, 대신 죽어주실 테니까)
 궁핍에 처형된 우리들의 삶.
 하긴 오지 않는 자, 오지 않는 것을 기다리는 데가 이 세상이야. 오지 않는 걸 기다리는 동안——그게 우리 일생이지.

마음이여, 깊은 보금자리여

깃들일 데가 있어야
마음이니

고기들이 바다에 깃들이고
씨앗이 땅에 깃들이며
새들이 나무에 깃들이고
보석이 땅에 깃들이듯이

보금자리여야
마음이니

한마디 말이 깃들일 수 있고
삶의 저 뒤척임들이 깃들이며
피와 江이 깃들이고
일곱시 오십분이 깃들여
포근하다면

궁뎅이를 아주 거기 붙여놓고
나는 마음도 아무것도 없는 데로 아주
사라져버리리

마음이여
깊은 보금자리여

歌 客

세월은 가고
세상은 더 헐벗으니
나는 노래를 불러야지
새들이 아직 하늘을 날 때

아이들은 자라고
어른들은 늙어가니
나는 노래를 불러야지
사람들의 목소리가 들리는 동안

무슨 터질 듯한 立場이 있겠느냐
항상 빗나가는 구실
무슨 거창한 목표가 있겠느냐
나는 그냥 노래를 부를 뿐
사람들이 서로 미워하는 동안

나그네 흐를 길은
이런 거지 저런 거지 같이 가는 길
어느 길목이나 나무들은 서서
바람의 길잡이가 되고 있는데

나는 노래를 불러야지
사람들이 乞神을 섬기는 동안

하늘의 눈동자도 늘 보이고
땅의 눈동자도 보이니
나는 내 노래를 불러야지
우리가 여기 살고 있는 동안

생채기

 숲에 가서 나무 가시에 긁혔다. 돌아와서 그걸 들여다본다. 순간. 선연하게 신선하다. (숲 냄새, 초록 공기의 폭발, 깊은 나무들, 싱글거리는 흙, 메아리와도 같은 하늘……) 우리가 살다가, 어떻든, 무슨 생채기는 날 일이다. 팔이든 다리이든 가슴이든 생채기가 난 데로 열리는 서늘한 팽창…… 지평선의 숨결, 둥글게 피어나는 땅, 초록 세계관, 생바람결……

　생채기는 말한다
　네 속에도 피가 흐르고 있다 관습이여
　네 속에도 피가 흐르고 있다 잔인의 굴레여
　피가 흐르고 있다 모든 다람쥐 쳇바퀴여

　그렇다면 시의 언어는 우리의 생채기이니
　그건 실로 우주적 풀무가 아니겠느냐

정들면 지옥이지 1

말[言語]을
퍼내고
버리고
다시 퍼내도
시체가 보이지 않는다.

시체들은 아주 깊이
가슴보다도 깊이
묻혀 있는 모양이다.

국가적 *法悅*

느네 식구는 똘똘 뭉쳐서 감기를 앓고 있는 모양이구나
누구네 식구든지 잘 뭉치지 못하는 것이지만
가령 잘 옮는 병 같은 건 상대방의 콧물을 마신 듯이 더불어 앓으니,
주고받음이 병균만 같으면야 병든
熱과 콧물과 쇠를 비벼서
우리나라쯤 하나 만들 수 없겠느냐

우리나라 식구들은 똘똘 뭉쳐서 무슨 병을 앓기는 앓고 있는데
病名도 신비하고 알아도 쉬쉬하니
집안일인 모양이로구나

病名이 '   '라고도 하고
병명이 '인생'이라고도 하고
'겁'이라거나 '잔인'이라고도 하는데
말을 바꾸면 국가적 *法悅*이라고도 한다드라

무슨 藥이 좋은지
모르는 게 약이라는데 딴은 그 약이 名藥인 듯

우리나라 식구들 얼굴을 그리면
그리워 그리워 그 얼굴들 자화상 그리면
走馬燈 같구나 모르는 척하는 얼굴들……

그러나 무슨 약이 좋은지
인삼이겠지
禁煙이고 樂天이겠지, 一說에는
피가 약이라고도 하고
피가 약이라고도 하며
피가 약이라고도 하지만……

정들면 지옥이지 2

이 땅 위를 걸어가는 건
물 위를 걸어가는 일
그러나 기적은 쉽지 않은 일
피 묻은 날개도
미소하는 날개도 없으니
기적은 쉽지 않은 일.

물 위를 걷는 건 어려운 일
空氣의 모습으로 걸어가는 건
쉽지 않은 일
게다가 물귀신들,
물밑으로 발 끌어내리는,
쥐뿔로 발바닥을 받으며
情死를 타진하는
各界 물귀신들!
우리가 각자에 대하여
물귀신이라면?
(그런 건 생각하기도 싫으시다면
그건 좋은 징조)

위아래가 다 무거울수록
그래도 물 위를 가기는 걸어가야지
기적은 쉽지 않지만
공기를 물먹이는 일도 어려운 일!

청춘은 아름다워라
―― 1982년 겨울

저녁 어스름
젊은이 여남은
校庭을 걸어나오며
소리소리 노래를 부른다
밤하늘을 향하여
밤하늘을 향하여(!)
막무가내로 퍼져나가니
오호라

저런 시절은 왜
빨리 지나가는가
저 피의 향기
모오든 별에 닿고 있는
모오든 引火物質에 닿고 있는
유일한 불꽃,
역사보다 더 풍부하고
순간보다 더 풍부한 시간

여남은 몸뚱어리와
여남은 남녀 목소리

지나갔어도
아직 거기 있고
거기 있으면서 더 부풀어
터져 밤길에 넘치는
폭죽의 목소리

슬픔과도 같은 기쁨
기쁨과도 같은 슬픔
노래 속에서는 모두
한 가락 꽃판 소용돌이
혼자만 아는 金鑛으로 가듯
비밀이 세상을 쩡쩡 울리듯
걸어가며 피어나니,
역사보다 더 풍부하고
순간보다 더 풍부한
시간의 노다지여!

달도 돌리고 해도 돌리시는 사랑이

한 처녀가 자기의 눈 속에서
나를 내다본다

나는 남자와
풍경 사이에서 깜박거린다

남자일 때 나는
말발굽 소리를 내고

풍경일 때 나는
다만 한 그루 나무와 같다

달도 돌리고 해도 돌리시는 사랑이
우리 눈동자도 돌리시느니

한 남자가 자기의 눈 속에서
처녀를 내다본다

잡 념

　　　　　잡념 레퍼토리, 천당을 가까이
　　　　　잡념 레퍼토리, 지옥을 가까이

내가 제일 좋아하는 건 나도 모르게
잡념인가봐

그건 애쓰지 않아도
저절로 생기고
저절로 꺼지고
출입이 自在하니

그다지 스스로 있는 걸 어찌
좋다 하지 않으리오,
잡념의 볼기짝이여
잡념의 귀싸대기여

노래에게

노래는
마음을 발가벗는 것

노래는
나체의 꽃
나체의 풀잎
나체의 숨결
나체의 공간
의 메아리

피, 저 나체
죽음, 저 나체
그 벌거숭이 대답의 갈피를 흐르는
노래, 벌거숭이
武裝도 化粧도 없는 숨결

돌아가야지 내 몸 속으로
돌아가야지 모든 몸 속으로
불꽃이 공기 속에 있듯
그 속에서 타올라야지

마음을 발가벗는
노래여
내 가슴의 새벽이여

꿩 발자국

1

눈 내린 숲
눈 위에
(오 나는 또 크나큰 비밀을 누설하느니)
꿩 발자국!
(발자국과 발자국 사이엔
발 옮길 때 발톱이 그은
아주 가는 線!)
누설된 정결
누설된 고요
(앙징은 간질처럼)
一瞬, 우주의 수렴

2

나는 내려서
숲을 덮는다
나는 희고 또 희다
내 가슴에 꿩 발자국
망막에서 숨쉬는 그 발자국
눈을 손상하지 않고 걸어간
참 그러한 발자국

타는 벌거숭이로

겨울 중에 제일 추운 겨울
제일 추운 날
실오라기 하나 안 걸친 중생
가시네 활활 타며

도무지 미안하고
두루 슬프고
걸치는 것도 무엇도 다아
미안하고 부끄러워
가시네 벌거숭이로
활활 타며

그 중 큰 생명의 모습
타는 벌거숭이로

걸작의 조건

오늘날 나는 글을 쓴다
자신의 검열을 거쳐서
(나여, 제일 높은 벽이여)
활자와 함께 반짝이는 눈이 아니라
활자 뒤에 숨어 있는 눈을 거쳐서
이념들의 검열을 거쳐서
(벽은 새처럼 솟아오른다)
욕심들의 검열을 거쳐서
날개의 숨결을 압박하는 물귀신들
한숨의 길 眞空을 거쳐서
적대감의 균형, 잔인의 뒤안길
오해의 검열을 거쳐서
공포의 돋보기를 거쳐서
(벽은 불길 높이로 솟아오른다)
목구멍들을 거쳐서
막힌 귀를 거쳐서
그림자들을 거쳐서
거치고 거쳐서
거쳐서
(써도 써도 남는 쓸데없는

무진장의 신경을 우리는 갖고 있느니!)
(지름길이 안 맞는 食性들)
(오 숨어 있는 눈의 섹스 어필)
(불길 높이로 타오르는 벽!)

그 모오든 신나는
걸작의 조건들을 거쳐서

바 다

바다는
두근두근
열려 있다

이 대담한
공간
출렁거리는 머나먼
모험

떠나도 어디
보통 떠나는 것이랴
땅과 그 붙박이 길들
집과 막힌 약속들
마음의 감옥
몸의 감옥에서
이다지도 풀려나
오 발붙이지 않고도(!)
열려 있는 無限生涯
불가항력의 이
팽창이여

소용돌이

철이 바뀔 때는
걱정이 많아요
꽃이 피니 걱정
새가 울어 걱정

진달래꽃 옆에서는
진달래꽃빛 마음의 소용돌이
개나리꽃 옆에서는
개나리꽃빛 마음의 소용돌이

꽃 터지면
살 터지고
바람 불면
마음의 우주 끝 제일 작은
菌도 심장의 털도 흔들리고

무슨 일이나 괜찮아요
처음도 괜찮고
끝도 괜찮고
괜찮아요 지금은 무슨 일이나.

벽 앞에서

 숲을 걷는다. 다람쥐들이 새카만 눈을 반짝거리며 도망가고 새들이 나무를 옮겨다니며 지저귄다. 낙원은 원래 숲이었다. 등성을 따라 벽을 쌓아놓은 데를 가다가 문득 발을 멈춘다. 사람 모습을 본 것 같다. 하나 그건 나무였다. 幻視. 순간 그 나무는 벽에 부딪힌 사람이 變身한 것인지도 모른다는 생각이 스쳤다. 벽에 부딪힌 사람이 그걸 뛰어넘을 생각을 하지 않고 아예 그 자리에 붙박여버린다? 그건 아주 지독한 인간이거나 도사거나 무슨 自在보살쯤 될 것이다. 아니면 그건 木石이거나 산송장일 것이다.
 하여간 우리의 초상은 많이 부처님 표정을 하고 있다. 꿔다놓은 부처님이요 시침 뚝딴 부처님이다. 부처님 천지니 극락임에 틀림없다. 이 시대가 우리를 도통하게 한다면 이 시대가 위대한 시대임에 틀림없다. 낙원에는 갖은 식물이 있어야 하니 벽 앞에서 식물이 되는 것도 낙원을 이루는 일일 것이다(!)

어눌의 푸른 그늘

예컨대 내 일터의 花園 아저씨
화분을 갖다주면서
발음한 '난초'
어눌하기 짝이 없는 그 '난초' 속에서 순간
서늘하게 밝은 세상,
며칠 있다가 화초가 잘 자라는지 보러
씩 웃으며 들어오던
웃음의 그 깨끗한 빛,
語訥의 참 서늘한 깊이
그 푸른 그늘 아래 내 마음 쉬느니.

폭풍은 法처럼

1

모든 狂氣가 빛나고
犯法者들은 찢어지게 웃으며
나무의 불꽃
물의 불꽃과 더불어
아주 아주 잘 익는 심장.

폭풍이여, 네 밑 빠진 소리를
온몸이 불고 또 부느니
우리 몸 아래위 맞뚫린 구멍으로
하늘 땅 기운이 뿌리째
드나들기도 드문 일.

쾅쾅 하늘을 밟는 구름
만물의 귀신들이
허공을 두드리고
그 메아리 불가불
한 기운의 핵심을 이루니
천지의 문지방을 참
세게는 넘나드는구나.

2

불이 바람에 놀아나듯이
나는 너와 놀아나 참 흥청거리느니
法典도 시비도 무슨 제도도
다 네 손바닥 위에!

엿치기

무슨 한숨을 쉬느냐
그러지 말고
엿치기나 하자는 거야
딱 꺾어서 후——
구멍이 큰 게 이기는 거라
구멍이 큰 게 이기는
구멍이 큰 게
구멍이 큰
구멍이
구멍
우리의 고향
마음의 구멍
마음의 엿의 구멍
엿 먹는 마음의 구멍
오 그런 구멍이라면 나는
거기서 사지를 만판 뻗고
잠들과저
엿 먹는 꿈을 꾸드라도
내가 구멍이 제일 큰
엿가락이 되드라도

우리들이 나를 딱 꺾어서
혹시 이길는지도 모르니!

나는 사람이 아니고

나는 사람이 아니고
사람도 아니고
자연인가봐
천둥 치면 같이 치고
바람 불면 같이 불고
비 오면 같이 오고
달에는 달
물에는 물
푸른 공기 시퍼런 한숨

자연의 핵심에 있는
酒精을 독점하고
독점했다고 비난받더라도
비난을 독하게 하는
化學 알코올까지 독점하고
주체 급체 생리통도 독점하고
나는 禍根과도 같이
符籍과도 같이
흘러가는 시냇물
떠가는 풀잎

아저씨의 죽음

매일……
매일……
저녁 다섯시에……
저녁 다섯시에……
방송하려고……
방송하려고……
애국가 녹음을 틀던……
애국가 녹음을 틀던……
아저씨 한 분이……
아저씨 한 분이……

자살했습니다.

너무 좋아서

너무 좋아서
나는 너를 번역하기 시작한다
네 눈을 '눈'이라고 번역하고
네 얼굴을 '얼굴'이라고 번역하고
네 손을 '손'
네 가슴을 '가슴'
네 그림자를 '그림자'
그리고 네 기쁨을 '기쁨'이라 번역하고
네 슬픔을 '슬픔'
네가 있으면 '있다'고 하고
네가 없으면 '없다'고 하고
흘러흘러
피는 '피'로

네가 문장의 처음을 열면
나는 끝없는 그 속으로 들어가
인제는 날개의 하늘이 된 거기서
자유형 헤엄을 치는데,
알코올 함유량이
부드러운 40도쯤 되는

가령 '술집'은 문맥을 부드럽게 하느니

그리하여 단어들을 섞어서
수수께끼를 만들기도 하는데
열쇠는 사랑(사랑?)
오 추억이 삶보다 앞서가는
신명의 묘약!

너무 좋아서
나는 너를 번역하기 시작한다
메아리와도 같은 숨쉬는 문장이여
내 죽음도 아직
마침표를 찍지 않으리.

大 醉

걸리는 데마다 소리 내는 강풍
그 센 바람 소리는
내 속의 大醉한 까닭 없는 밑 빠진
불길에 자꾸 기름을 부어
두루 태우고 뒤집고 열고 켜고
뿔뿔이 놓아주고 한군데 모으고
요컨대 세상을 깨끗이 재편하고
광물들 금속성 번쩍이게 하고
천지 귀신 휘몰아 잔치하고
눈들 말똥거리게 하고
마음 한가운데서 강풍의 제일
고요한 부분 회치고
나는 또 그러한 特病에 취해
오호라 大醉의 불타는 꽃 속에
걸리는 데 없이 흥청거리느니
날개보다 더 이르는
밑 빠지게 서늘한 공기로 흐르느니

시를 기다리며

시 안 써지면
그냥 논다
논다는 걱정도 없이
논다
놀이를 완성해야지
무엇보다도 하는 짓을
완성해야지 소나기가
자기를 완성하고
퇴비가 자기를 완성하고
虛飢가 자기를 완성하고
피가 자기를 완성하고
연애가 자기를 완성하고
잡지가 자기를 완성하고
밥이 자기를 완성하듯이

죽음의 胎 속에
시작하는 번개처럼

느낌표

나무 옆에다 느낌표 하나 심어놓고
꽃 옆에다 느낌표 하나 피워놓고
새소리 갈피에 느낌표 구르게 하고
여자 옆에 느낌표 하나 벗겨놓고

슬픔 옆에는 느낌표 하나 울려놓고
기쁨 옆에는 느낌표 하나 웃겨놓고
나는 거꾸로 된 느낌표 꼴로
휘적휘적 또 걸어가야지

〈해 설〉

물 주기, 숨통 터주기

진 형 준

> 그렇다면 시의 언어는 우리의 생채기이니
> 그건 실로 우주적 풀무가 아니겠느냐
> ──「생채기」

정현종은 꽤나 많이 벗는다. 몇 구절만 인용해보자.

> 겨울나무에 보인다 말도 없이
> 불꽃 모양의 뿌리
> **헐벗은** 가지의
> 에로티시즘   ──「헐벗은 가지의 에로티시즘」

> 노래는
> 마음을 **발가벗는 것**

> 노래는

나체의 꽃
나체의 풀잎
나체의 숨결
나체의 공간
의 메아리 ──「노래에게」

겨울 중에 제일 추운 겨울
제일 추운 날
실오라기 하나 안 걸친 중생
〔………〕
가시네 **벌거숭이로**
활활 타며

그 중 큰 생명의 모습
타는 **벌거숭이로** ──「타는 벌거숭이로」

  왜 벗을까? 벗음이라는 행위 앞에서 우리가 갖게 되는 첫번째 정서적 반응은 추위이다. 그런데 위에 인용한 시들에서 보면, 그 벌거벗음은 추운 느낌을 주지 않는다. 벌거숭이는 벌거숭이로되 "타는 벌거숭이"이다. 그때의 따뜻함은 벌거벗은 몸이 그 안에 지니고 있을 어떤 열기를 연상시키지만, 인용된 시 중의 또 다른 구절 "헐벗은 가지의/에로티시즘"과 연결되어 벌거벗은 몸끼리의 접촉을 연상시킨다. 그런데 위의 시에서 벌거벗은 주체들, 즉 겨울나무, 노래부르는 행위, 혹은 중생들이 따뜻하게 껴안아야 하는 대상들은 그 주체만큼 확실하게 드러나지 않는다. 그 대상이 확실치 않음은 대상이 없음이 아니라, 그 무엇이라 특별히 지칭할 필요도 없이 모든 것으로의 확대라고 해석할 수도 있다. 그렇다, 그 헐벗음은 이 세상 전체와 살갗 대 살갗으로, 만나고 싶다는, 즉 같이 살아 있고 싶다는 의지의 행위이다. 그러나 그 헐벗음이 생살끼리의 접촉을 보장해주긴 해도, 또 하나의 예기치 않은 결과를 낳기도 하는데, 그것은 쉽게 다치기 쉽다는 것이다. 보호막이 없어졌으므로. 여기서 우리에게는, 시인 자신의 표현인 "고통의 축제"라는 말이 되짚어진다. 정현종의 시에 대한 대부분의 평자들이 긍정을 잉태하기 위한 부정으로 규정짓고 있는 그 긍정을 향한 몸짓이 공허하게 보이지 않는 것은, 삼라만상의 살됨, 살됨끼리의 만남을 그 안에 포함하고 있기 때문이다. 그 살갗 대 살갗으로 만나기는 우선, 몸이 있음을 인정해야만 가능해진다. 그 살됨을 거부하는, 초월의 몸짓은, 범성주의(汎聖主義), 혹은 영성주의(靈性主義)로 갈 수 있는 길을 쉽게 마련해줄지 모르지만, 그 살됨에서 벗어날 수 없는 범인(凡人)들에게 주는 감동은 그다지 크지 않을 수도 있다. 따라서 정현종이 만나는 고통은, 관념적으로 빚어진 고통이 아니라, 자기 자신과 이 세상을 살아 있는 것으로 보고 싶다는, 살려놓고 싶다는, 그리고 그 살끼리 만나겠다는(그 순서는 뒤바뀔 수도 있겠지만) 게걸스런 욕구가 빚은 자연스런 결과이다. 그 욕구가 왜 고통을 빚어낼까? 조금은 관념의 조작처럼 이야기한다면, 시인이 몸과 몸으로 만나기 위해 살려놓은 이 세상은, 그 살려놓음 때문에, 사실은 살아 있는 것이 필연적으로 겪게 되는 죽음의 그림자를 갖게 되기 때문이다. 온갖 살아 있는 것들과의 접촉을 통해, 에로틱한 환희를 구가하려던 순간, 시인의 눈에는 그 생의 기쁨 뒤에 숨어 있는 상처가 보인다. 그래서 필경 헐벗은 에로티시즘은, 눈물겨운 합일이면서 그 안에 이미 고통을 품고 있는 것이 된다. 그 헐벗은 마음의 상처는, 바로 그 헐벗었기에 오는, 어쩔 수 없이 입게 되는 상처이다. 다시 이야기하면 그 상처의 끝에는 죽음의 인식이 있다. 모든 살아 있는 것이 입을 수 있는 가장 큰 상처는 바로 죽음이 아니겠는가? 정현종의 헐벗음과 상처 인식은, 그렇게 환희와 고통의 뒤범벅처럼 엉기어 있다. 그 상처는, 어떻게 보면 인간이면 누구나 입게 되는 것이기도 하지만, 그 상처의 아픔은, 헐벗은, 여린 시인의 감수성만이 진실로 느낄 수 있는 것이기도 하다. 상처입음에 무심함, 혹은 아예 상처 따위를 입지도 않는 의식 자체는 극단적으로 얘기하면 일종의 뻔뻔스러움, 살아 있음의 포기, 혹은 삶을 감추고 있는 껍질의 단단함을 의미할지도 모른다. 그런 삶은 어찌 보면 고통 따위는 잊어버릴 수 있는 삶일 수는 있어도, 엄밀하게 이야기하면 진정으로 살아 있는 삶은 아니다. 인간이 진실로 이 세상에 살아 있음, 그 생명스러움의 경이는, 이렇게 필경 살됨의 인식, 상처 인식으로부터 온다. 그래서 정현종은, "생채기는 말한다/네 속에도 피가 흐르고 있다 관습이여/네 속에도 피가 흐르고 있다 잔인의 굴레여/피가 흐르고 있다 모든 다람쥐 쳇바퀴여"(「생채기」)라고 노래한다. 그 살됨 인식은 "관습" "잔인의 굴레" "다람쥐 쳇바퀴"로까지 확대되고, 거기서 상처를 보게 되는 것이다. 그러니 그 누

군가가 한 말, "시인은 모두 얼마간 엄살쟁이다"라는 말은 정말 잘한 말이다. 그때 상처를 가장 잘 입는 시인은, 작은 상처에도 많이 아파하는 시인은, 그 시인의 언어는, 바로 세계의 삼라만상에 생명을 불어넣어주는 "우주적 풀무"가 될 수밖에 없다. 정현종의 이 땅에 대한 사랑은, 그런 시인이 갖게 되는 운명적 사랑이다. 그가 이 땅을 사랑하는 것은 당위적 의지의 움직임에 의해서가 아니라, 그 살됨이 보여주는 무게에 의해서이다. 몸은 다치기도 쉽고, 또 무겁기도 하니까.

> 그래도 우리가 고개 숙이는 만큼의
> **이 땅**의 引力을
> 운명으로 사랑합니다 ——「그냥」

인력이고, 운명일밖에. 거기서 체념의 몸짓을 보지는 말자. 그 인력의 사랑에, 헐벗은 몸의 인식에서 비롯된 그 운명적 사랑에, 체념이란 두터운 옷을 입히는 것은 너무 잔인하다.

그 사랑과 그 고통은 견딜 만할까? 그 살됨의 인식이, 고통에서 피어오르는 축제라는 간단하면서 간단하지 않은 긴장 상태를 항상 팽팽히 유지하게 해줄까? 그렇지 않다. 어느 땐 그 살됨이, 나를 잡아끄는 그 살됨의 무게가 지겨워 "오 나는 저 숨막히는 뚜껑/창천 속으로/얼마나!/뛰어들려고 했던가/이 땅과 집과 시인을 벗어놓고/〔······〕/뛰어들었던가/뛰어들어 숨을 섞는 꼴이 항상/거리를 걸어가고 있었던가"(「蒼天 속으로」)라는 반성과 한탄이 교

묘하게 뒤섞인 감정을 낳기도 하고, "네 머리카락이/바람에 흩날릴 때/내 마음의 나비떼, 나비떼"에서처럼 무작정 떠남을 그리워하게도 되고, 바다에서, "마음의 감옥/몸의 감옥에서/이다지도 풀려나/오 발붙이지 않고도(!)/열려 있는 무한생애"(「바다」)의 모습을 보게도 된다. 그러나, 창천에 무작정 뛰어드는 행위는, 시인 자신이 노래하듯, "시인을 벗어놓고"라서야 가능한 일이며, 시인 자신은 이룩하지 못할 경탄의 모습으로나 나타날 뿐이다. 시인이 노래하게 되는 것은 이제, 그 꿈에의 기울어짐보다는, 차라리 꿈꾸기조차 어려움이다.

그러나, 그 꿈꾸기조차 어려움이, 살됨이 주는 인력과 무게대로 시인을 주저앉게 만들지는 못한다. 그 무거움은, 정현종에게, 가벼움을 포기하라고 강요하는 무거움이 아니라, 가벼움과 한몸이 되어야 하는 무거움이다(정현종의 시에 수도 없이 나타나며, 평자들이 수없이 지적한 상승·도취·비상의 의지들에 대해 다시 자세하게 언급할 필요는 없으리라). 정현종에게는 몸을 버리지 않으면서 비상을 포기하지 않는 방법으로서 마음의 헐벗음이 있게 되는 듯싶다. 아니 차라리 마음의 비워둠이다. 몸의 헐벗음이 나의 살됨을 보여준다면, 마음의 헐벗음은, 한계를 지닐 수밖에 없는 몸의 우주적 팽창, 공기와의 접촉을 보장해준다.* 그러한 마음의 헐벗음, 비워둠은 과연 도처에 수없이 나타난다.

---

* 철저히 지적인 입장에 서게 된다면, 몸에 대한 인식의 망각과 무엇이 다르냐는 분석적 비난이 있을 수 있겠다. 여기선 접어두자.

가난한 마음에는 와서 울리는
삶처럼 풍부한 시간의 메아리 ——「겨울밤」

놓은 줄도 모르게
마음놓고 있으니 ——「마음놓고」

오늘은 한눈 팔지 말고
놀아야지 ——「한눈」

나는 **마음도 아무것도 없는 데로** 아주
사라져버리리 ——「마음이여, 깊은 보금자리여」

내가 제일 좋아하는 건 나도 모르게
잡념인가봐 ——「잡념」

마음을 발가벗는
노래여 ——「노래에게」

시 안 써지면
그냥 **논다**
논다는 **걱정도 없이** ——「시를 기다리며」

  마음을 벗음이, 시인에게 한없는 자유로움, 공기처럼 자유스러움을 가져다주고, 몸을 벗음이, 살아 있음의 확인을 준다. 그 마음과 몸을 동시에 헐벗은 이상적인 모습이 정현종에게서는 "거지"로 나타난다.

> 내 속의 저 밑 빠진 **거지**
> 시간도 비빔밥도 없는 저 **거지**가
> ———「시간도 비빔밥도 없는 거지」

> 나그네 흐를 길은
> 이런 **거지** 저런 **거지** 같이 가는 길 ———「歌客」

그래서, 옛날 중국의 미친 중 한산(寒山)이 필경에 도달하고픈 이상화된 모습으로 나타나게 되고, 그에게서 우주의 숨통을 본다.

> (**구걸이든** 미친 짓이든
> 寒山이나 프란체스코
> 덤으로 그 八寸 그림자들쯤이면
> 필경 우주의 숨통이려니와) ———「거지와 狂人」

시인이 겨우 그 비슷한 경지에 도달했을 때, 시인은 이 세상에 생명을 주는 물이 되고, 이 세상에 숨통 터주는 공기 혹은 공기 구멍, 혹은 구멍 청소부가 된다. 살아가는 데 꼭 필요하면서 대립적일 수밖에 없는 것, 흡사 사물의 안과 밖 같은 것이 한몸이 되는 그런 어려운 순간이다. 시인이, 자신을 물이라고 생각하게 되었을 때는, 시 쓰는 행위는 곧 세상에 물 주는 행위가 된다. 그래서 이 불길한, 얼어붙은 땅의 젊은이들을, "얼음에 뿌리내린 꽃/

눈보라에 뿌리내린 꽃/칼날에 뿌리내린 꽃/오, 상처에 뿌리내린 꽃/묘연(杳然)한 꽃"이라고 노래한 후에, "물 여기 있다/한국의 젊은 애들아/물 여기 있다"(「눈보라에 뿌리내린 꽃」)고 외치기도 하고, 헐벗은 가지에서 물 흐르는 소리를 듣기도 하며(「헐벗은 가지의 에로티시즘」), 늙고 병든 이 세상에게 "자꾸자꾸 물을 줘야 해요"라고 외치게도 되는 모양이다. 그 물은 "늙고 병든 이 세상에게" "경이의 어린 시절"을 되찾아주는 소생의 물이다.

한편, 시인은 세상에 숨구멍 터주는 역할도 한다. 시인의 비상의 몸짓과 무관하지 않을, 그런 숨구멍 터주기를 보여주는 이미지는 수도 없이 많겠지만, 여기선 그냥 시 한 편의 전문을 인용하는 것으로 대신하기로 하자.

    누가
    숨을
    쉬지
    않는다

    콧구멍들은 모두
    굴뚝이다
    숨이 그리워
    숨이
    그리워

    (향기로운
      공기는

>   집 없이
>   떠돈다)
>
> 나는 밥그릇처럼
> 역사를 존경하며
> 역사의 거울을 파는
> 도부장수
>
>   깨진 거울이나
>   고장난 시계 삽시다!
>
> 그래도 동해물과 백두산이
> 마르고 닳도록
> 페가수스 날개 냄새에
> 취해, 나는
> 우리네 굴뚝마다 꽃을 꽂으리   ──「세월의 얼굴」

그 인식 속에서의 시인됨은, 나를 한없이 비워놓아, "마음의 구멍/마음의 엿의 구멍/엿먹는 마음의 구멍"이 되고, 또, "내가 구멍이 제일 큰/엿가락이 되드라도" "우리들이 나를 딱 꺾어서/혹시 이길는지도 모르니!" 그냥 그렇게 비워져 있는 일이다.

그 공기됨, 물됨이 비교적 화해롭게 조화했을 때, 시인은 봄숲을 보고 「초록 기쁨」을 노래하게 된다.

>   해는 출렁거리는 빛으로

내려오며
〔·········〕
하늘 전체가 그냥
기쁨이며 神殿이다

〔·········〕

오 이 향기
싱글거리는 흙의 향기
내 코에 댄 깔때기와도 같은
하늘의, 향기
나무들의 향기! ──「초록 기쁨」

 하늘은 나를, 그 무거운 육신을 힘겹게 날아오르라고 유혹하는 게 아니라, 기쁨으로 그냥 거기 있으며, 흙의 향기에서 나는 하늘의 향기를 맡는다. 그 초록 기쁨 안에는, 하늘과, 땅과, 나무가 향기로서 한데 어울려 있다. 그때의 환희는 단순히 살아 있음에 대한 환희가 아니라 다시 태어남(이 시의 부제가 '봄숲에서'임을 상기하자)의 기쁨이다. 이 다시 태어남과, 물·공기의 의미가 한데 뭉뚱그려져 나타나는 훌륭한 이미지가 바로 앞서 인용한 "헐벗은 가지의 에로티시즘"이다. 헐벗은 가지는 겉으로 보기에는 죽은 모습을 하고 있지만 그 안에 다시 태어날 약속을 품고 있으며, 나무 자체는 땅에 뿌리박혀서 양분, 즉 물을 취하면서, 하늘을 향해 솟아오르며 숨을 쉬는 행위를 동시에 행한다. 인간의 메마른 삶에서 "헐벗은 가지의 에로티시즘"을, 그 아슬아슬한 조화를 보는 시인의 시선은 결코 범상한 시선이 아니다.

그러나 그 조화를 이루는 일이, 보는 일이 어디 쉬운 일이랴. 하늘을 향해 팔을 벌리면서 땅을 굽어보는 일이. 공기가 되면서 동시에 물이 되는 일이. 그 어려움은 시인으로 하여금 "나는 너희가 체현(體現)하고 있는 저 오묘한/뜻을 알지만 나는 짐짓 너를 외면한다/왜냐하면 나는/안팎이 같은 너희보다/〔……〕/안팎이 다른 나를 더 사랑하니까"(「거지와 광인」)라고 노래하게 하고, 시인으로서 그 안팎을 동시에 그리워하는 마음은 필경 "안은 바깥을 그리워하고/바깥은 안을 그리워"(「이 노릇을 또 어찌하리」)하는 "안팎 곱사등이"의 기형으로밖엔 될 수 없다는 탄식 아닌 탄식을 더 자주 하게 하며, 종국에는 시인 자신이 "구름을 들이받는 염소/미풍에 흔들리는 풀잎"(「자기 자신의 노래 2」)의 둘로 찢어짐을 보게 된다. 그러니, 이 땅에서 시인됨은 필경 공기와 물을 섞는 일, 공기를 물먹이는 일만큼이나 어려운 일이 된다. 그것은 흡사 시인에겐 물 위를 걸어가는 것과 같다.

> 이 땅 위를 걸어가는 건
> 물 위를 걸어가는 일
> 그러나 기적은 쉽지 않은 일
> 〔………〕
>
> 물 위를 걷는 건 어려운 일
> 空氣의 모습으로 걸어가는 건

쉽지 않은 일
〔········〕

그래도 물 위를 가기는 걸어가야지
기적은 쉽지 않지만
공기를 물먹이는 일도 어려운 일!
———「정들면 지옥이지 2」

왜 어려울까? 시에서 나오듯 "게다가 물귀신들/물밑으로 발 끌어내리는,/〔······〕/각계(各界) 물귀신들" 때문이기도 하지만 "우리가 각자에 대하여/물귀신이라면?"에서 보듯, 그 요인은 밖에 안에 함께 있으며, 차라리 우리의 안에 있다. 그건 우리의, 시인의 운명이다.

그 도취와 고통, 성취감과 아쉬움의 오락가락 사이에서 시를 쓰는 행위란, 시인됨이란, 되풀이 말하거니와, 이 세상에 물 주고 숨구멍 터주는 양수겹장의 어려운 일을 행하는 것이 된다. 물됨에의 집착은 공기됨을 방해하고, 공기됨에의 집착은 물됨을 망각하고 증발해버리기 쉽다. 시인은 방법적으로 자신을 비우려 하지만, 그가 비우고 채우는 주체는 다시 상처받을 수밖에 없다. 그러니 시인은 더 자주 "몸을 꿰뚫는 쓰라림과도 같은" 기분을 맛보게 된다.

그 고통과 기쁨은 그렇게 어우러져 있는 것이긴 하지만, 그가 "고통의 축제"라고 표현했을 때의 고통은, 삶은 고통스러울 수밖에 없다는, 그래도 살아야 한다는, 그야

말로 고통스런 인식의 결과 나타난 것이 아니라, 삶은 즐거워야 한다는 인식에서, 그래서 삶 자체를 진짜로 살려 보자는 바람에서 오게 되는 고통이다. 그 고통은 인식론적인 고통이 아니기에 쉽사리 인식론적으로 극복될 수 없다. 그것은 그야말로 앞서 이야기한 양수겹장의 어려운 일의 행함을 통하여서만 극복될 수 있다. 시인이 이상화의 형태로 제시한 거지의 마음, 진짜 텅 빈 마음에의 희구가 필경에, 희구나 자기 다짐으로 끝나게 되는 것은 그 때문이다. 그 이상화의 형태는 실물로 손에 쥐어질 수가 없다. 어쩌면 시인에게는 그가 시를 쓰는 한, 영원히 사라지지 않을 고통일지도 모른다. 한데, 독자의 심술은, 안이함은(시인만을 고통 속에 놓아두는 게 안쓰러우면서도), 그 고통의 결과 피어오르는 꽃을, 진짜 꽃을 보고 싶어한다. 시인의 철저한 망가짐 후에나 있게 될지도 모를, 그 모습을, 뻔뻔스럽게도!